Herzens-wünsche

von mir für dich

Was ich dir wünsche – von ganzem Herzen!

MIT DIESEM AUFSTELLER MÖCHTE ICH DIR VIELE LIEBE HERZENSWÜNSCHE VON MIR MIT AUF DEN WEG GEBEN. SIE SOLLEN DIR FREUDE MACHEN, DICH INSPIRIEREN UND DICH ERMUTIGEN, AUCH EIN PAAR DEINER WÜNSCHE UND TRÄUME IN DIE TAT UMZUSETZEN. UND DICH VOR ALLEM DARAN ERINNERN:

Ich denke an dich,
du liegst mir am Herzen!

Das schönste Geschenk:

VON HERZEN DAS BESTE WÜNSCHEN.

JOHANNA RÜCKERT

DASS SICH
MÖGLICHST VIELE DEINER
EIGENEN WÜNSCHE UND
TRÄUME ERFÜLLEN,
DAS WÜNSCHE ICH DIR
VON HERZEN.

Lebensfreude

Ich wünsche dir,

DASS DU JEDEN MORGEN
BEIM AUFWACHEN EINEN
GRUND FINDEST, MIT FREUDE UND
POSITIVER ENERGIE IN DIE WELT
HINAUSZUGEHEN UND IHR
DEIN LÄCHELN ZU SCHENKEN.

ICH WÜNSCHE DIR,
DASS DIR HIN UND WIEDER
EIN LÄCHELN GESCHENKT WIRD,
DAS DEIN HERZ BEZAUBERT
UND DIR DAS GEFÜHL GIBT,
EINEM ENGEL BEGEGNET ZU SEIN.

IRMGARD ERATH

ICH WÜNSCHE DIR, DASS DU LIEBST,
ALS HÄTTE DICH NOCH NIE JEMAND VERLETZT,
DASS DU TANZT, ALS WÜRDE KEINER HINSCHAUEN,
DASS DU SINGST, ALS WÜRDE KEINER ZUHÖREN,
DASS DU LEBST, ALS WÄRE DAS PARADIES
HIER AUF ERDEN.

AUS IRLAND

EIN FUNKEN FREUDE
REICHT OFT SCHON AUS,
UM EIN FEUER IM HERZEN
ZU ENTFACHEN.

PAUL HUFNAGEL

DIE QUALITÄT UNSERES LEBENS
HÄNGT DAVON AB,
WELCHE VERPFLICHTUNGEN WIR ANNEHMEN,
WIEVIEL FREIHEIT WIR UNS SCHENKEN,
WIEVIEL LIEBE WIR GEBEN,
OB WIR TRÄUME ZULASSEN UND
DANKBARKEIT EMPFINDEN KÖNNEN.

ELFRIEDE ENGEL

Gelassenheit

Ich wünsche dir

DIE GELASSENHEIT,
DIE DINGE SO ANZUNEHMEN,
WIE SIE SIND. UND LOSZULASSEN,
WAS DU NICHT ÄNDERN KANNST.

NICHT DIE DINGE AN SICH,
SONDERN UNSERE SICHTWEISE
AUF DIE DINGE IST DAS,
WAS UNS BEUNRUHIGT.
EPIKTET

NIMM DIE WELT VON DER LEICHTEN SEITE,
UND DER GEIST WIRD FREI VON JEDER LAST SEIN.
MISS DEN ZEHNTAUSEND DINGEN
KEINE BEDEUTUNG BEI, UND DEIN HERZ
WIRD NICHT VERWIRRT SEIN.
NIMM GEGENÜBER WANDEL UND BESTÄNDIGKEIT
DIE GLEICHE HALTUNG EIN, UND NICHTS
WIRD DEINE KLARHEIT TRÜBEN.

LAOZI

Regnet es, so lass es regnen.
WILHELM BUSCH

Ich lasse keinen Ärger an mich ran.

DIE DINGE LEICHT NEHMEN
MACHT GESÜNDER UND GLÜCKLICHER.

LOUIS ARMSTRONG

Gesundheit

Ich wünsche dir,

DASS DU GESUND UND
FROHEN MUTES BLEIBST. UND SOLLTE
ES DICH DOCH MAL ERWISCHT HABEN,
WÜNSCHE ICH DIR, DASS DU DICH
SCHNELL ERHOLST UND MIT FRISCHEN
KRÄFTEN WIEDER IN DEINEN ALLTAG
STARTEN KANNST.

Die Sonne
IST DIE UNIVERSALARZNEI AUS DER
HIMMELSAPOTHEKE.
AUGUST VON KOTZEBUE

DA ES SEHR FÖRDERLICH FÜR DIE GESUNDHEIT IST,

HABE ICH BESCHLOSSEN,

glücklich zu sein.

VOLTAIRE

Das Denken

SCHADET BISWEILEN
DER GESUNDHEIT.

ARISTOTELES

Die Freude,

DAS KOSTBARSTE LEBENSELIXIER,
EINE HERRLICHE MEDIZIN
ZUR VERLÄNGERUNG UNSERES LEBENS.

CARL LUDWIG SCHLEICH

Mut

Ich wünsche dir

MUT FÜR DIE GROSSEN UND KLEINEN HERAUSFORDERUNGEN DES ALLTAGS, UND DASS DU ES EINFACH NOCHMAL VERSUCHST, SOLLTE MAL ETWAS NICHT SO LAUFEN, WIE DU ES DIR ERHOFFT HAST.

ANGST
BEGINNT IM KOPF –
MUT AUCH.

UNBEKANNT

ICH WÜNSCHE DIR
VERTRAUEN IN DAS LEBEN,
DEN MUT ZUM TRÄUMEN,
EIN ZIEL, DAS SICH LOHNT,
UND TAUSEND MÖGLICHKEITEN,
DEM GLÜCK ZU BEGEGNEN ...

IRMGARD ERATH

DAS IST NICHT DER TAPFERSTE,
DER SICH NIE GEFÜRCHTET, SONDERN
DER DIE FURCHT ÜBERWUNDEN HAT.

SPRICHWORT

DU HAST DIESES EINE LEBEN.
WIE WILLST DU ES VERBRINGEN?
ENTSCHULDIGEND? BEDAUERND? KRITISCH?
DICH SELBST HASSEND? DIÄT HALTEND?
INDEM DU MENSCHEN HINTERHERLÄUFST,
DIE DICH NICHT SEHEN? SEI MUTIG.
GLAUBE AN DICH. MACH, WAS SICH GUT ANFÜHLT.
GEHE RISIKEN EIN. DU HAST DIESES EINE LEBEN.

Mach dich selbst stolz.

BOB MARLEY

Inspiration

Ich wünsche dir,

DASS DU MIT FANTASIE UND
NEUGIER DURCH DEINEN ALLTAG
GEHST UND JEDEN TAG
VIELE KLEINE WUNDER ENTDECKST,
DIE DICH ZUM STAUNEN BRINGEN
UND DEINEN GEIST ANREGEN.

Begeisterung

IST DAS LEUCHTEN
IN DEINEN AUGEN,
DIE UNWIDERSTEHLICHE
WILLENSKRAFT UND
ENERGIE ZUR AUSFÜHRUNG
DEINER IDEEN.

UNBEKANNT

GIB NIEMALS AUF,
FÜR DAS ZU KÄMPFEN,
WAS DU TUN WILLST.
MIT ETWAS, WO LEIDENSCHAFT
UND INSPIRATION IST,
KANN MAN NICHT
FALSCH LIEGEN.

ELLA FITZGERALD

HALTE AUSSCHAU NACH IDEEN,
DIE FÜR DICH DIE WELT
IN DIE FARBEN DES REGENBOGENS
EINTAUCHEN.

YVONNE MÖLLEKEN

ES GIBT EINEN JUNGBRUNNEN:
ES IST DEIN VERSTAND, DEINE FÄHIGKEITEN,
DIE KREATIVITÄT, DIE DU IN DEIN LEBEN BRINGST
UND DAS LEBEN VON MENSCHEN, DIE DU LIEBST.
WENN DU LERNST, DIESE QUELLE ZU ERSCHLIESSEN,
WIRST DU DAS ALTER WIRKLICH BESIEGEN.

SOPHIA LOREN

Lächeln

DASS DU MORGENS MIT EINEM LÄCHELN
VOLLER VORFREUDE IN DEINEN TAG STARTEST
UND ABENDS MIT EINEM LÄCHELN VOLLER
DANKBARKEIT ZU BETT GEHST,

das wünsche ich dir.

EIN LÄCHELN
VERZAUBERT DIE WELT
FÜR EINEN GANZEN
KOSTBAREN AUGENBLICK.

ERNST R. HAUSCHKA

BEIM ERSTEN LICHT DER SONNE HEUTE –
SEI GESEGNET.
WENN DER LANGE TAG GEGANGEN IST –
SEI GESEGNET.
IN DEINEM LÄCHELN UND IN DEINEN TRÄNEN –
SEI GESEGNET.
AN JEDEM TAG DEINES LEBENS –
SEI GESEGNET.

ALTIRISCHER SEGENSWUNSCH

WER JEDEN ABEND SAGEN KANN:
„ICH HABE GELEBT“,
DEM BRINGT JEDER MORGEN
EINEN NEUEN GEWINN.

SENECA

DAS GLÜCK DES LEBENS
SETZT SICH AUS WINZIGEN KLEINIGKEITEN ZUSAMMEN –
DEN KLEINEN WOHLTATEN EINES LÄCHELNS,
EINES FREUNDLICHEN BLICKS, EINES KOMPLIMENTS –,
ZAHLLOSEN, UNENDLICH KLEINEN DOSEN
ANGENEHMER UND BELEBENDER FREUDEN.

SAMUEL TAYLOR COLERIDGE

Glück

Ich wünsche dir

VIELE KLEINE AUGENBLICKE UNSCHEINBAREN ALLTAGSGLÜCKS – ABER AUCH DIESE ATEMBERAUBENDEN GLÜCKSMOMENTE, DIE DEINE SEELE ZUM LEUCHTEN BRINGEN.

ZU SCHWEBEN VOR GLÜCK
IST DIE SCHÖNSTE ART
DER FORTBEWEGUNG.

ANGELIKA EMMERT

Im Sonnenschein tanzen,

UNTER EINEM STERNENZELT TRÄUMEN,
DAS LEBEN LIEBEN, JEDEN TAG GENIESSEN UND UNS
VON SCHÖNEN DINGEN BERÜHREN LASSEN.

LISSY KLEE

FREUDE VERMAG
AUCH AUS DEN FLÜCHTIGSTEN
SCHÖNEN MOMENTEN
GROSSARTIGE STERNSTUNDEN
ZU MACHEN.

YVONNE MÖLLEKEN

ALLE LEBEWESEN
AUSSER DEM MENSCHEN WISSEN,
DASS DIE HAUPTAUFGABE
DES LEBENS DARIN BESTEHT,
SICH AM LEBEN ZU FREUEN.

SAMUEL BUTLER

Hoffnung

Ich wünsche dir

DIE UNERSCHÜTTERLICHE GEWISSHEIT, DASS HINTER DEN WOLKEN DIE SONNE SCHEINT UND DASS ES NACH EINER TALFAHRT IMMER AUCH WIEDER BERGAUF GEHT.

Hoffnung

IST EINE ART VON GLÜCK,
VIELLEICHT DAS GRÖSSTE GLÜCK,
DAS DIESE WELT BEREIT HAT.

SAMUEL JOHNSON

ES KANN NIE GANZ DUNKEL
WERDEN AUF DER WELT:
IRGENDWO SCHEINT IMMER
DIE SONNE. IRGENDWO
STRAHLEN IMMER STERNE.
IRGENDWO IST IMMER LICHT.

IRMGARD ERATH

IN JEDEM WINTER
STECKT EIN ZITTERNDER FRÜHLING,
UND HINTER JEDER NACHT VERBIRGT SICH
EIN LÄCHELNDER MORGEN.

KHALIL GIBRAN

IM LAUFE UNSERES LEBENS
LERNEN WIR SIE KENNEN, DIE ZEIT
DER GROSSEN SCHRITTE, IN DER WIR IN
SIEBENMEILENSTIEFELN UNSEREN
TRÄUMEN ENTGEGENLAUFEN,
UND DIE ZEIT DER KLEINEN SCHRITTE,
IN DER WIR BEGINNEN ZU VERSTEHEN,
WIE WICHTIG HOFFNUNG IST.

JUSTUS PAUL

Zeit

Ich wünsche dir

ZEIT FÜR DICH SELBST –
ZUM ABSCHALTEN UND DURCHATMEN,
ZUM LOSLASSEN UND TREIBENLASSEN.
ZEIT, IN DER DU WIEDER GANZ
IM HIER UND JETZT ANKOMMST
UND EINFACH NUR LEBST.

NIMM DIR ZEIT.
WER IMMER IN EILE IST,
BEGEGNET NIEMANDEM –
NICHT EINMAL SICH SELBST.

VON ZEIT ZU ZEIT
MÜSSEN WIR UNS
EINEN RUHEPUNKT SUCHEN,
VON DEM AUS WIR
DIE SCHÖNHEIT DER WELT
WIEDER BEWUSST
WAHRNEHMEN KÖNNEN.

CELESTE MARIN

ZEIT ZUM ENTSPANNEN
IST DANN, WENN MAN
KEINE ZEIT DAFÜR HAT.

SIDNEY J. HARRIS

IM GARTEN DIE VÖGEL BEOBACHTEN
ODER IM SCHATTEN EINES BAUMES SITZEN
UND DEN SONNENUNTERGANG BESTAUNEN ...
NICHTSTUN, DAS IST ATEMHOLEN FÜR GEIST
UND SEELE – ENTSPANNUNG, DIE UNS OFT
ganz neue Sichtweisen eröffnet.

MARIELLE SCHUMANN

Inneres
Gleichgewicht

Ich wünsche dir,

DASS DU WEISST,
WAS DICH ZUFRIEDEN MACHT;
UND DASS DU DIESEN INNEREN FRIEDEN
NICHT VOM VERHALTEN
DEINER MITMENSCHEN ABHÄNGIG
MACHST.

ALLE STÄRKE LIEGT INNEN,
NICHT AUSSEN.
JEAN PAUL

ERFOLG?
ICH WEISS NICHT,
WAS DAS WORT BEDEUTEN SOLL.
ICH BIN GLÜCKLICH. ABER
„ERFOLG“ IST IM GRUNDE DAS,
WAS IRGENDWER DARIN SIEHT.
FÜR MICH IST ERFOLG EINFACH
NUR INNERER FRIEDEN.

DENZEL WASHINGTON

BEWAHRE DEINE SEELENRUHE
AUCH DEN WIDERWÄRTIGKEITEN
DES ALLTAGS GEGENÜBER.

HORAZ

GELD, GESUNDHEIT UND SORGLOSIGKEIT
SIND DAS GLÜCK DES HAUSES,
ABER DAS GLÜCK DES HERZENS HEISST:

innerer Friede.

ERNST R. HAUSCHKA

Träume

Ich wünsche dir,

DASS DU DEINE EIGENEN WÜNSCHE
UND SEHNSÜCHTE NICHT VERGISST -
- UND DASS DU DIR AB UND AN DEN
EINEN ODER ANDEREN
HERZENSTRAUM ERFÜLLST.

BEHALTE IMMER MEHR
TRÄUME IN DEINER SEELE,
ALS DIE WIRKLICHKEIT
ZERSTÖREN KANN.

INDIANISCHE WEISHEIT

BEWAHRE DIR DEINE TRÄUME.
DIE VERNÜNFTIGEN TRÄUMEN
NICHT SO SCHÖN WIE
DIE VERRÜCKTEN.

CHARLES BAUDELAIRE

Die Zukunft gehört jenen, die an die Schönheit ihrer Träume glauben.

ELEANOR ROOSEVELT

Es ist dein Weg,

DER DEINE SEELE WACHSEN LÄSST –
WÜNSCHEN, WUNDERN UND TRÄUMEN ENTGEGEN.

ANGELIKA EMMERT

Achtsamkeit

DASS DU IM ALLTAG
NICHT AUF AUTOPILOT SCHALTEST,
SONDERN BEWUSST IM HIER UND JETZT LEBST
UND ACHTSAM DURCH DEINEN TAG GEHST,

das wünsche ich dir
von Herzen.

Achtsamkeit:

EINFACH NUR SCHAUEN,
WAS IST. UND SICH
ÜBERRASCHEN LASSEN,
WAS MAN NOCH NIE
GESEHEN HAT.

KIRSTEN SCHWERT

WENN DIE ACHTSAMKEIT ETWAS SCHÖNES BERÜHRT,
OFFENBART SIE DESSEN SCHÖNHEIT.
WENN SIE ETWAS SCHMERZVOLLES BERÜHRT,
WANDELT SIE ES UM UND HEILT ES.

ZEN-WEISHEIT

ÜBEREILUNG TUT NICHT GUT.
BEDACHTSAMKEIT MACHT
ALLE DINGE BESSER.

FRIEDRICH SCHILLER

ALLES GANZ ZU TUN,
UNBEIRRBAR MIT HINGABE
AN DEN AUGENBLICK,
SCHENKT EIN
GUTES LEBENSGEFÜHL.

ELSE PANNEK

Kraft

Ich wünsche dir,

DASS DU EINEN KRAFTORT,
EINEN LIEBEN MENSCHEN ODER AUCH EIN
HAUSTIER HAST, IN DESSEN GEGENWART
DU DEINE ENERGIERESERVEN
WIEDER AUFLADEN UND NEUE POWER
TANKEN KANNST.

DIE UMARMUNG
EINES LIEBEN MENSCHEN
GIBT DER SEELE MEHR ENERGIE,
ALS MAN SICH
VORSTELLEN KANN.

ANNA JOHANNSEN

ENERGIE ALS MITTELPUNKT DES WILLENS
SCHAFFT DIE WUNDER DER BEGEISTERUNG
ZU ALLEN ZEITEN.
ÜBERALL IST SIE TRIEBFEDER DESSEN,
WAS WIR CHARAKTERSTÄRKE NENNEN,
UND DIE ERHALTENDE KRAFT
jeder großen Tat.

SAMUEL SMILES

DAS LEBEN SCHRUMPFT
ODER DEHNT SICH AUS,
JE NACHDEM, WIE VIEL MUT
WIR HABEN.

FANNY LEWALD

DAS SCHWIERIGSTE IST
DIE ENTSCHEIDUNG, ZU HANDELN.
DER REST IST NUR BEHARRLICHKEIT.
ÄNGSTE SIND NUR PAPIERTIGER.
DU KANNST ALLES TUN,
WOZU DU DICH ENTSCHEIDEST.
DU KANNST HANDELN, UM DICH ZU VERÄNDERN
UND DEIN LEBEN ZU KONTROLLIEREN;
UND DER WEG DORTHIN
IST DIE BELOHNUNG SELBST.

AMELIA EARHART

Kleine Freuden

EINE BLÜTE IM FRÜHLING,
EIN DUFTENDER CAPPUCCINO:
DASS DU DIR EIN AUGE BEWAHRST FÜR DIE
KLEINEN SCHÖNHEITEN DES LEBENS
UND DICH AN IHNEN ERFREUST,

das wünsche ich dir.

ÜBERALL WACHSEN KLEINE WUNDER,
ÜBERALL BLÜHT DAS LEBEN.

CHRISTINE MAINACHT

Das Glück

BESTEHT MEHR IN EINER ALLGEMEINEN VERANLAGUNG DES GEISTES UND DES HERZENS, ALS IN EINER VIELZAHL BESTIMMTER GLÜCKLICHER AUGENBLICKE IM LEBEN. ES BESTEHT MEHR IN DER FÄHIGKEIT, DIESE GLÜCKLICHEN AUGENBLICKE AUFZUNEHMEN.

CHARLES DE MONTESQUIEU

DER WUNDER HÖCHSTES IST,
DASS UNS DIE WAHREN, ECHTEN WUNDER
SO ALLTÄGLICH WERDEN KÖNNEN.

GOTTHOLD EPHRAIM LESSING

MAN MUSS ÜBER DIE
FREUDEN DES LEBENS NICHT
VIEL REFLEKTIEREN,
SO WIE NICHT ÜBER DIE
SCHÖNHEITEN EINES GEDICHTS;
MAN GENIESST BEIDE BESSER,
OHNE SIE ZU ZÄHLEN ODER
ZU ZERGLIEDERN.

JEAN PAUL

Akzeptanz

Ich wünsche dir,

DASS DU AUCH UNANGENEHMEN
GEFÜHLEN UND SITUATIONEN
IHREN PLATZ GIBST.
ERST INDEM DU SIE ANNIMMST,
KANNST DU SIE LOSLASSEN UND
DICH BEFREIEN.

DER FÄHIGKEIT,
SICH NEUEM ZUZUWENDEN,
GEHT DIE FÄHIGKEIT VORAUS,
SICH VOM BISHERIGEN
zu lösen.
WILHELM ZAUNER

ANNEHMEN, WAS IST.
SICH BESINNEN AUF DAS, WAS JETZT
ZUM VORSCHEIN KOMMT:
NEUE WEGE. NEUE MÖGLICHKEITEN.
UND DIE CHANCE, AN ALLEM ZU WACHSEN
UND UNSERE EIGENE STÄRKE
ZU ERKENNEN.

STEFANIE VEY

KÄMPFE NICHT
GEGEN DAS GESCHEHENE.
STÄRKE DAS ANNEHMEN.

KURT HABERSTICH

Zukunft ist Zukunft,

UND VERGANGENHEIT IST VERGANGENHEIT;
JETZT SOLLTEN WIR AN ETWAS NEUEM ARBEITEN.
DAS IST UNSERE HALTUNG, UND SO SOLLTEN WIR
IN DIESER WELT LEBEN.

ZEN-WEISHEIT

Herzlichkeit
CHARITY

DASS DU MIT EINER POSITIVEN
GRUNDEINSTELLUNG IN DEINEN TAG GEHST,
DEINEN MITMENSCHEN UNVOREINGENOMMEN
ENTGEGENTRITTST UND NICHT MÜDE WIRST,
DIE WELT EIN STÜCK BESSER ZU MACHEN,

das wünsche ich dir.

EIN KLEINES LÄCHELN,
EIN WENIG GÜTE
LÄSST EINE BEGEGNUNG ZUM
FROHEN ERLEBNIS WERDEN.

HILDEGARD BUHMANN

ALLES, WAS ICH WEISS, IST,
DASS MAN DAS LEBEN
NICHT VERSTEHEN KANN
OHNE VIEL GÜTE,
DASS MAN ES NICHT LEBEN
KANN OHNE VIEL GÜTE.

OSCAR WILDE

AUS EINEM FÜNKCHEN HERZLICHKEIT
ENTZÜNDEN SICH ZUWEILEN
KLEINE FLÄMMCHEN, DIE IM LAUFE DER ZEIT
ZU EINEM LEUCHTFEUER ERSTRAHLEN.

KURT HABERSTICH

Was ist das: Toleranz?

ES IST DIE SCHÖNSTE GABE DER MENSCHLICHKEIT.
WIR SIND ALLE VOLLER SCHWÄCHEN UND IRRTÜMER;
VERGEBEN WIR UNS ALSO GEGENSEITIG UNSERE TORHEITEN.
DAS IST DAS ERSTE GEBOT DER NATUR.

VOLTAIRE

Freundschaft

Ich wünsche dir

EINEN VERTRAUTEN MENSCHEN,
BEI DEM DU WAHRE VERBUNDENHEIT SPÜRST,
DER DICH ANNIMMT, WIE DU BIST,
UND DER MIT DIR WEINT UND LACHT,
WANN IMMER DU JEMANDEN AN
DEINER SEITE BRAUCHST.

„Bleib“

IST EIN WUNDERBARER BEGRIFF IM WORTSCHATZ EINES FREUNDES.

LOUISA MAY ALCOTT

DURCH NICHTS WIRD EINE FREUNDSCHAFT
ODER EINE ENGE BEZIEHUNG LEICHTER BEGRÜNDET
ODER GEFESTIGT ALS DURCH LACHEN UND WEINEN;
MENSCHEN, DIE ZUSAMMEN GELACHT ODER GEWEINT
HABEN, KÖNNEN SEHR LEICHT

gute Freunde werden.

UNBEKANNT

DIE FREUNDE,
BEI DENEN MAN VOR LACHEN
DAS ATMEN VERGISST,
DAS SIND DIE RICHTIGEN.

UNBEKANNT

Gute Freunde

BRAUCHEN KEINE GROSSEN WORTE:
SIE DRÜCKEN UNS EINFACH LIEBEVOLL, WENN SIE SPÜREN, DASS UNS ETWAS BEDRÜCKT.

IRMGARD ERATH

Neugierde

Mein Herzenswunsch für dich:

BEWAHRE DIR DIE FÄHIGKEIT,
DEINE WELT MIT STAUNENDEN
AUGEN ZU SEHEN UND
DICH AN IHREN WUNDERN
ZU ERFREUEN.

DIE WUNDERTÜTE DES LEBENS
ZAUBERT EINZIGARTIGE
AUGENBLICKE HERVOR.

ANGELIKA EMMERT

DORT DRAUSSEN IST EINE
GROSSE, WUNDERBARE WELT FÜR SIE.

Sie gehört Ihnen.

NANCY REAGAN

ES GIBT KEIN WUNDER
FÜR DEN, DER SICH NICHT
WUNDERN KANN.

MARIE VON EBNER-ESCHENBACH

WENN ICH DAS WUNDER
EINES SONNENUNTERGANGS ODER
DIE SCHÖNHEIT DES MONDES BEWUNDERE,

weitet sich meine Seele.

MAHATMA GANDHI

Abenteuer

Ich wünsche dir,

DASS DU NICHT VOR DEN GROSSEN
UND KLEINEN ABENTEUERN
DES LEBENS ZURÜCKSCHEUST,
SONDERN ÖFTER MAL DEN SPRUNG
INS KALTE WASSER WAGST.

UND PLÖTZLICH WEISST DU:
ES IST ZEIT, ETWAS NEUES ZU BEGINNEN
UND DEM ZAUBER DES ANFANGS
ZU VERTRAUEN.
MEISTER ECKHART

FÜR VIELE IST ES
NUR EIN GEDANKE.
FÜR EINIGE IST ES
NUR EIN TRAUM.
FÜR DICH IST ES
DAS ZIEL:
LAUF LOS!

SILKE FÖRSTER

IMMER WIEDER
DAS „ABENTEUER VERÄNDERUNG“ WAGEN,
WEIL NEUE MUSTER
UNS LEBENDIG HALTEN.

ANGELIKA EMMERT

In überraschenden Situationen

KANN MAN VIEL NEUES ÜBER SICH ERFAHREN.

ELFRIEDE HABLÉ

Durchsetzungs-
vermögen

DASS DU DICH VON EINEM „NEIN“ NICHT ABSPEISEN LÄSST, DEINE TRÄUME VERFOLGST UND AUCH MAL DEINE EIGENEN GRENZEN AUFSTELLST UND DURCHSETZT,

das wünsche ich dir.

AM ENDE WERDEN
DIE GRÖSSTEN HERAUSFORDERUNGEN ZU DEM,
AUF DAS DU AM MEISTEN STOLZ BIST.

DREW BARRYMORE

IN MOMENTEN DES ZWEIFELS
HABE ICH ZU MIR SELBST GESAGT:
WENN NICHT ICH, WER DANN?
Wenn nicht jetzt, wann?

EMMA WATSON

Schränke dich nicht ein.
Du bist alles, was du hast.

JANIS JOPLIN

NICHTS IST UNMÖGLICH;
ES GIBT WEGE, DIE AUS JEDER SITUATION FÜHREN,
UND WENN UNSER WILLE STARK GENUG IST,
WERDEN WIR IMMER DIE NOTWENDIGEN MITTEL FINDEN.
ES IST OFT LEDIGLICH EINE AUSREDE,
WENN WIR SAGEN,
DINGE SEIEN UNMÖGLICH.

FRANÇOIS DE LA ROCHEFOUCAULD

Begegnungen

Ich wünsche dir

IMMER WIEDER MENSCHEN,
ORTE, SITUATIONEN,
DIE DEIN LEBEN EIN STÜCK REICHER
MACHEN, DIE DEINEN HORIZONT
ERWEITERN UND DIR DIE AUGEN
FÜR NEUES ÖFFNEN.

ALLES,
WAS UNS BEGEGNET,
LÄSST SPUREN ZURÜCK,
ALLES TRÄGT UNMERKLICH
ZU UNSERER BILDUNG BEI.

JOHANN WOLFGANG VON GOETHE

Begegnungen mit Menschen

KÖNNEN UNSEREM LEBEN
ENTSCHEIDENDE WENDUNGEN GEBEN.
BEGEGNUNGEN ENTHALTEN IMMER DIE CHANCE,
ÜBER UNSER BISHERIGES LEBEN NACHZUDENKEN,
ES ZU KORRIGIEREN UND NEUE
SCHRITTE ZU TUN.

MARTIN BOGDAHN

WO SICH ZWEI FLÜSSE TREFFEN,
ENTSTEHT EIN NEUER FLUSS,
WO SICH ZWEI MENSCHEN TREFFEN,
ENTSTEHT MANCHMAL
ein neuer Weg.
ROBERT HYLLUS

JEDE BEGEGNUNG
KANN ZU EINEM KLEINEN FEST WERDEN,
WENN DABEI EIN WÄRMENDES LÄCHELN,
EIN VERSTÄNDNISVOLLES WORT,
EINE NETTE GESTE ODER EIN
VERSÖHNLICHER HÄNDEDRUCK
ENTHALTEN SIND.

KURT HABERSTICH

Leichtigkeit

DASS DU GELASSEN DURCHS LEBEN GEHST,
AUCH MAL FÜNFE GERADE SEIN LÄSST
UND IM ZWEIFELSFALL DIE DINGE
MIT HUMOR NIMMST,

das wünsche ich dir.

ETWAS SCHWERES LOSLASSEN
IST EIN SEELISCHER KRAFTAKT.
ABER ES MACHT DAS HERZ
leicht und frei.
IRMGARD ERATH

LEBENSKLUGHEIT BEDEUTET:
ALLE DINGE
MÖGLICHST WICHTIG,
ABER KEINES VÖLLIG ERNST
ZU NEHMEN.

ARTHUR SCHNITZLER

GIBT ES EINE
BESSERE FORM,
MIT DEM LEBEN
FERTIG ZU WERDEN,
ALS MIT LIEBE
UND HUMOR?

CHARLES DICKENS

Humor

IST EINE GROSSARTIGE, BEFREIENDE SACHE.
IN DEM AUGENBLICK, WENN ER ZUTAGE TRITT,
VERFLIEGT ALL UNSER ÄRGER UND VERDRUSS
UND EINE STRAHLENDE HEITERKEIT
TRITT AN IHRE STELLE.

MARK TWAIN

Genuss

Ich wünsche dir,

DASS DU DIR SELBST
EINE GUTE FREUNDIN ODER
EIN GUTER FREUND BIST!
VERWÖHNE DICH UND GÖNNE DIR
AB UND AN AUCH MAL DEN EINEN
ODER ANDEREN GENUSS.

DAS LEBEN
LEICHT TRAGEN UND
TIEF GENIESSEN IST DOCH
DIE SUMME ALLER
Weisheit.

WILHELM VON HUMBOLDT

Sich selbst

EIN GUTER FREUND ODER EINE GUTE FREUNDIN SEIN,
IST WOHL DIE WICHTIGSTE FREUNDSCHAFT,
DIE ES GIBT.

KIRSTEN SCHWERT

Zuversicht

DASS DU DIE GEGENWART GENIESSEN,
AUS DER VERGANGENHEIT KRAFT SCHÖPFEN
UND MIT EINEM GUTEM GEFÜHL
IN DIE ZUKUNFT BLICKEN KANNST,

das wünsche ich dir
von ganzem Herzen.

Textnachweis: Wir danken allen Autoren bzw. deren Erben, die uns freundlicherweise die Erlaubnis zum Abdruck von Texten erteilt haben.

Bildnachweis: Cover + Seite 2: Yuganov Konstantin/Shutterstock.com; Innenteil: S. 4: agrobacter/E+/Getty Images; S. 6: Kinga Krzeminska/Moment/Getty Images; S. 8: stock.adobe.com/tunedin; S. 10: Lina Bruins /EyeEm/Getty Images; S. 12: stock.adobe.com/Elena Moiseeva; S. 14: CC7/Shutterstock.com; S. 16: Romolo Tavani/Shutterstock.com; S. 18: Natalia Ganelin/Moment/Getty Images; S. 20: Simon Bratt/Shutterstock.com; S. 22: the_burtons/Moment/Getty Images; S. 24: Pushish Images/Shutterstock.com; S. 26: Cavan Images/Cavan/Getty Images; S. 28: kovop58/Shutterstock.com; S. 30: Sergii Sobolevskyi/Shutterstock.com; S. 32: Kan Taengnuanjan/EyeEm Premium/Getty Images; S. 34: Catherine Falls Commercial/Moment/Getty Images; S. 36: 1001nights/E+/Getty Images; S. 38: portishead1/E+/Getty Images; S. 40: stock.adobe.com/olgaarkhipenko; S. 42: Olga_Ratova/Shutterstock.com; S. 44: borchee/E+/Getty Images: S. 46: the_burtons/Moment/Getty Images; S. 48: Grant Faint/The Image Bank/Getty Images; S. 50: Marc Romanelli/The Image Bank/Getty Images; S. 52: Алексей Облов/Moment/Getty Images; S. 54: Natalija Bacilovic/EyeEm/Getty Images; S. 56: JulieK2/Shutterstock.com; S. 58: noreefly/Shutterstock.com; S. 60: DSdesign/Shutterstock.com; S. 62: Maria Rom/Shutterstock.com; S. 64: Vasil Dimitrov/E+/Getty Images; S. 66: Nuria Camps Curtiada/Moment/Getty Images; S. 68: KK_face/Shutterstock.com; S. 70: stock.adobe.com/Nicholas; S. 72: Chirstopher Domingo/EyeEm/Getty Images; S. 74: Aleksandar Grozdanovski/Shutterstock.com; S. 76: andrea lehmkuhl/Shutterstock.com; S. 78: Julia Zavalishina/Shutterstock.com; S. 80: Maskot/Getty Images: S. 82: Impact Photography/Shutterstock.com; S. 84: Serhii Brovko/Shutterstock.com; S. 86: Artur Sniezhyn/Shutterstock.com; S. 88: Dark_Side/Shutterstock.com; S. 90: Africa Studio/Shutterstock.com; S. 92: Barbora Polivkova/Shutterstock.com; S. 94: Pra Chid/Shutterstock.com; S. 96: Lemon Tree Images/Shutterstock.com; S. 98: ND.ART/Shutterstock.com; S. 100: Kan bokeh/Shutterstock.com; S. 102: Tanya Yatsenko/Shutterstock.com; S. 104: HTeam/Shutterstock.com; S. 106: Cabeca de Marmore/Shutterstock.com; S. 108: the_burtons/Moment/Getty Images; S. 110: Samoliotova/Shutterstock.com; S. 112: stock.adobe.com/PedroJos; S. 114: R_Tee/Shutterstock.com; S. 116: stock.adobe.com/honcharr; S. 118: GK Hart/Vikki Hart/Stone/Getty Images; S. 120: Yulia Nemchenko/Shutterstock.com; S. 122: 9dream studio/Shutterstock.com; S. 124: stock.adobe.com/rorygezfresh; S. 126: EshanaPhoto/Shutterstock.com; S. 128: Chris Perkins/EyeEm/Getty Images; S. 130: Daolauong Kamkhom/Shutterstock.com; S. 132: Akuma-Photo/Shutterstock.com; S. 134: IlzeTheBeast/Shutterstock.com; S. 136: katesea/Moment/Getty Images; S. 138: Ruth Black/Shutterstock.com; S. 140: Westend61/Getty Images; S. 142: Korawat photo shoot/Shutterstock.com.

Layout: Barbara Fuchs
Satz: Peter Ball, Media Diversified GmbH
Gesamtherstellung: Levent Ofset, Istanbul

Herzenswünsche von mir für dich
GTIN 978-3-8485-0140-3

www.groh.de

FSC www.fsc.org
MIX
Papier | Fördert gute Waldnutzung
FSC® C043979

2 3 4 5 6